Collection Avec le Sourire

Les nouveaux amis

Texte de Claude Pistache
Images de Tony Hutchings

NATHAN

Plouf est un petit écureuil très timide.
Au lieu d'aller jouer avec les autres écureuils
dans la forêt, il préfère
rester à la maison avec sa maman.
Un jour, une lettre arrive. Grand-mère
est malade. Maman doit partir pour la soigner.

— Viens donc, Plouf, dit maman.
Mme Cassenoix va s'occuper de toi aujourd'hui.
Tu pourras jouer avec ses enfants.
— Hi! Hi! je préfère rester à la maison, pleurniche Plouf.

La famille Cassenoix accueille Plouf gentiment.
— Viens donc jouer avec nous, disent les enfants.
Mais Plouf se sent tout retourné.
Il en oublie de dire au revoir à sa maman.

Il y a des choses délicieuses pour déjeuner.

Plouf n'a pas faim. Il lit un livre.

Après le repas, les petits écureuils sortent pour jouer au ballon. Plouf fait le timide. Il reste assis avec son livre.

— Pourquoi ne viens-tu pas nous rejoindre? lui demande Susie Cassenoix. Nous ne sommes que trois; si tu nous rejoins, nous pourrons former deux équipes!

— Non, j'veux pas jouer, dit Plouf.
Il ne regarde même pas le jeu...
Mais soudain, le ballon rebondit
et vient frapper le livre.
— Vite, renvoie-le, crie Susie.

Alors, Plouf ne peut pas faire autrement que de se joindre à la partie.
Bientôt, il est près du but : un trou dans un tronc d'arbre.

Plouf est à la bonne place pour attraper le ballon. Vite, il se retourne et le lance tout droit dans le trou!

— Bravo, tu as gagné, crie Susie.

— Bien joué, Plouf, disent les autres.

Après le jeu, c'est le goûter.
— Tu joues très bien, disent les petits à Plouf. C'était une partie terrible!
— Oui, c'était marrant,
répond Plouf en riant.
Il n'est plus timide du tout.
Quand sa maman revient,
elle est toute étonnée.

Plouf s'est si bien amusé que sa maman n'arrive pas à le persuader de s'en aller.
— Ils ont eu une bien charmante journée, dit Mme Cassenoix.
Maman est toute contente de voir son petit Plouf jouer avec d'autres enfants.
Mais il est temps de rentrer à la maison.
— Je veux rester, crie Plouf !